BÜCHER DER BIBEL

Übungsbuch

Bücher der Bibel - Übungsbuch

Alle Rechte vorbehalten. Durch den Kauf dieses Übungsbuchs darf der Käufer die Übungsblätter nur für den persönlichen Gebrauch und den Unterricht, jedoch nicht für den kommerziellen Weiterverkauf kopieren. Mit Ausnahme der oben genannten Bestimmungen darf dieses Übungsbuch ohne schriftliche Genehmigung des Herausgebers weder ganz noch teilweise in irgendeiner Weise reproduziert werden.

Bible Pathway Adventures® ist eine Marke von BPA Publishing Ltd.

ISBN: 978-1-989961-69-8

Autor: Pip Reid
Kreativdirektor: Curtis Reid
Übersetzer: Daniel Friedrich
Lektorat: Sonja Röder

Für weitere Bibelressourcen, einschließlich Übungsbüchern und Druckvorlagen, besuchen Sie unsere Website unter:

www.biblepathwayadventures.com

◇ Einführung ◇

Vom Buch Genesis bis zur Offenbarung, das *Übungsbuch Bücher der Bibel* ist vollgepackt mit 66 leicht einsetzbaren Arbeitsblättern, die Kindern helfen, Gottes Wort auf eine lustige und spannende Weise zu erkunden. Ausmalbilder helfen ihnen, die bekanntesten Figuren der Bibel zu entdecken. Schreibaktivitäten ermutigen sie, die Bibel zu lesen und sich an das Gelernte zu erinnern. Wunderbares Unterrichtsmaterial für Sabbat- und Sonntagsschullehrer und Homeschooler.

Bible Pathway Adventures hilft Pädagogen, Kindern den biblischen Glauben auf spielerische und kreative Weise zu vermitteln. Wir tun dies mit unseren Übungsbüchern und kostenlosen, druckbaren Rätselseiten - verfügbar auf unserer Website: www.biblepathwayadventures.com

Vielen Dank, dass Sie dieses Übungsbuch erworben haben und unseren Dienst unterstützen. Jedes gekaufte Buch hilft uns, unsere Arbeit fortzusetzen und Familien und Missionen auf der ganzen Welt kostenlose Klassenzimmerpakete und Ressourcen zum Bibelstudium zur Verfügung zu stellen.

Die Suche nach der Wahrheit macht mehr Spaß als die Tradition!

◊◊ Inhaltsverzeichnis ◊◊

Einführung 3

ALTES TESTAMENT
1. Mose (Genesis) 6
2. Mose (Exodus) 7
3. Mose (Levitikus) 8
4. Mose (Numeri) 9
5. Mose (Deuteronomium) 10
Josua 11
Richter 12
Ruth 13
1. Samuel 14
2. Samuel 15
1. Könige 16
2. Könige 17
1. Chronik 18
2. Chronik 19
Esra 20
Nehemia 21
Esther 22
Hiob 23
Psalmen 24
Sprüche 25
Prediger (Kohelet) 26
Hohelied 27
Jesaja 28
Jeremia 29
Klagelieder 30
Hesekiel 31
Daniel 32
Hosea 33
Joel 34
Amos 35
Obadja 36
Jona 37
Micha 38

Nahum	39
Habakuk	40
Zephanja	41
Haggai	42
Sacharja	43
Maleachi	44

NEUES TESTAMENT

Matthäus	45
Markus	46
Lukas	47
Johannes	48
Apostelgeschichte	49
Römer	50
1. Korinther	51
2. Korinther	52
Galater	53
Epheser	54
Philipper	55
Kolosser	56
1. Thessalonicher	57
2. Thessalonicher	58
1. Timotheus	59
2. Timotheus	60
Titus	61
Philemon	62
Hebräer	63
Jakobus	64
1. Petrus	65
2. Petrus	66
1. Johannes	67
2. Johannes	68
3. Johannes	69
Judas	70
Offenbarung	71
Entdecke weitere Übungsbücher!	72

1. Mose (Genesis)

Schreibe eine kurze Zusammenfassung des ersten Buches Mose (Genesis).

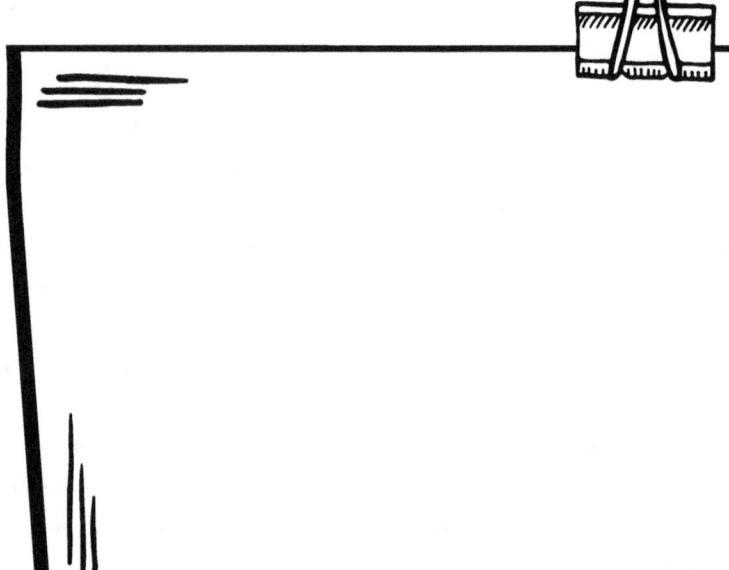

Beantworte die Fragen unten.

Wer sind die Schlüsselpersonen?

Was sind die wichtigsten Ereignisse?

Welche wichtigen Lehren haben Sie aus diesem Buch der Bibel gezogen?

2. Mose (Exodus)

Schreibe eine kurze Zusammenfassung des zweiten Buches Mose (Exodus).

Beantworte die Fragen unten.

Wer sind die Schlüsselpersonen?

Was sind die wichtigsten Ereignisse?

Welche wichtigen Lehren haben Sie aus diesem Buch der Bibel gezogen?

3. Mose (Levitikus)

Schreibe eine kurze Zusammenfassung des dritten Buches Mose (Levitikus).

Beantworte die Fragen unten.

Wer sind die Schlüsselpersonen?

Was sind die wichtigsten Ereignisse?

Welche wichtigen Lehren haben Sie aus diesem Buch der Bibel gezogen?

4. Mose (Numeri)

Schreibe eine kurze Zusammenfassung des vierten Buches Mose (Numeri).

Beantworte die Fragen unten.

Wer sind die Schlüsselpersonen?

Was sind die wichtigsten Ereignisse?

Welche wichtigen Lehren haben Sie aus diesem Buch der Bibel gezogen?

5. Mose (Deuteronomium)

Schreibe eine kurze Zusammenfassung des fünften Buches Mose (Deuteronomium).

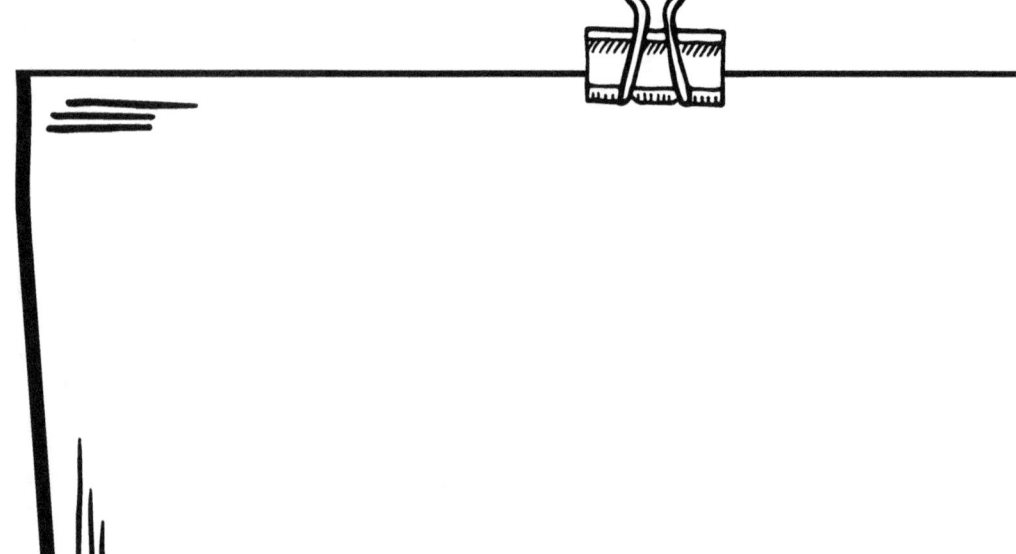

Beantworte die Fragen unten.

Wer sind die Schlüsselpersonen?

Was sind die wichtigsten Ereignisse?

Welche wichtigen Lehren haben Sie aus diesem Buch der Bibel gezogen?

Josua

Schreibe eine kurze Zusammenfassung des Buches Josua.

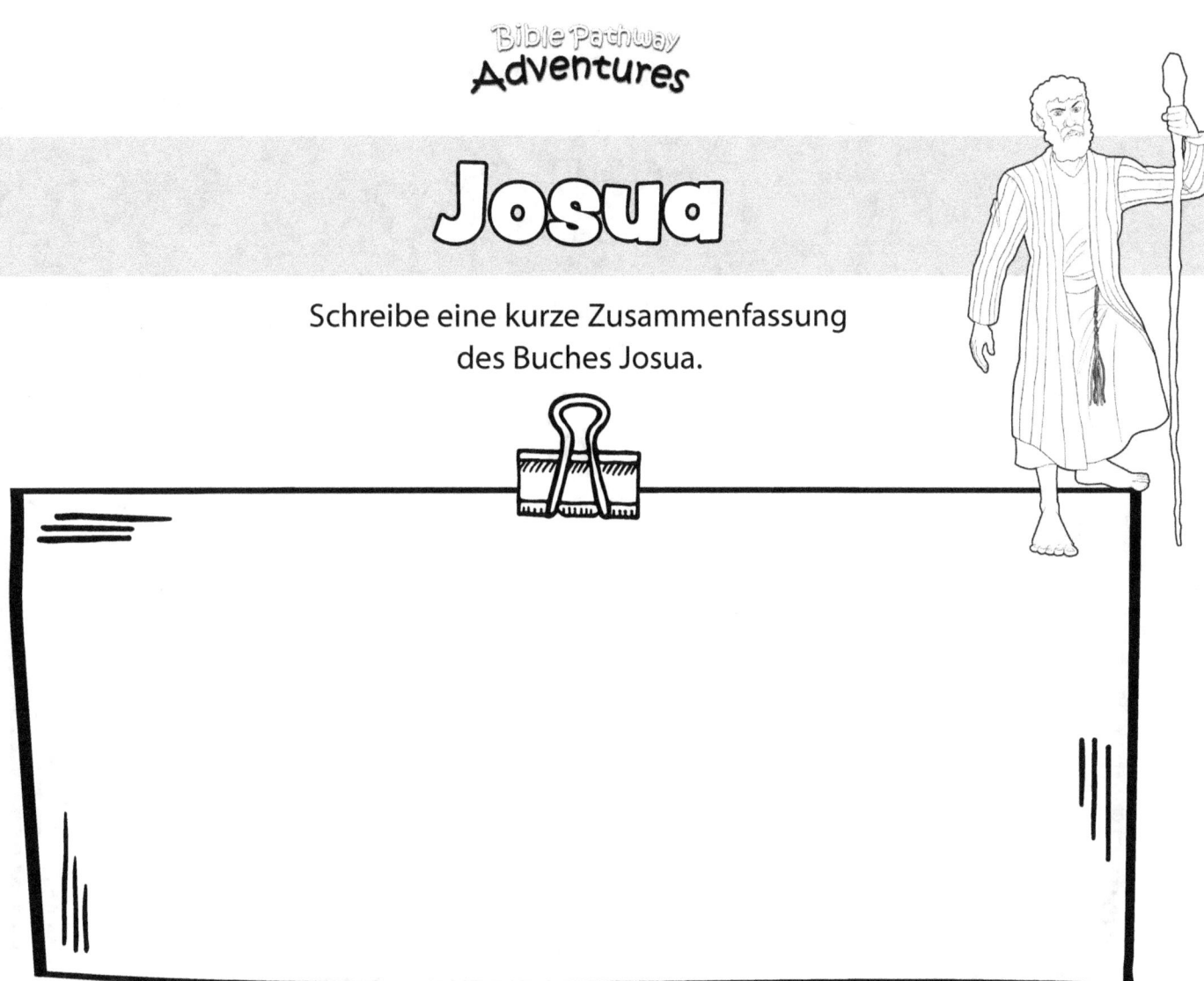

Beantworte die Fragen unten.

Wer sind die Schlüsselpersonen?	Was sind die wichtigsten Ereignisse?	Welche wichtigen Lehren haben Sie aus diesem Buch der Bibel gezogen?

Richter

Schreibe eine kurze Zusammenfassung des Buches der Richter.

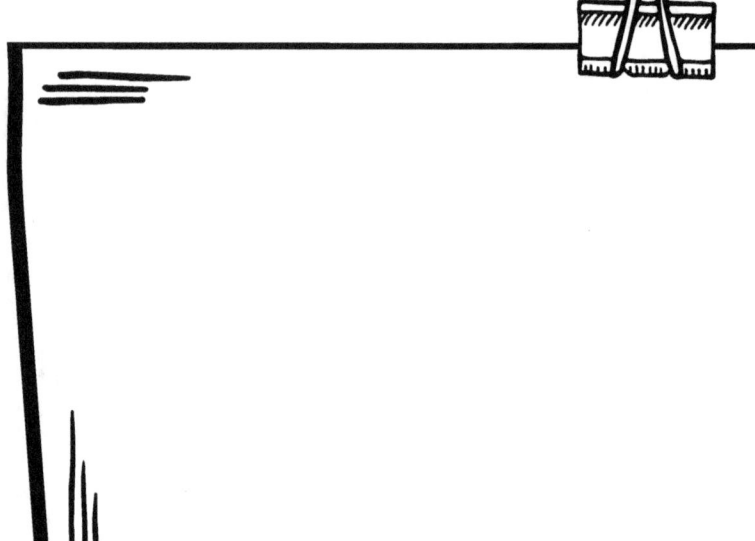

Beantworte die Fragen unten.

Wer sind die Schlüsselpersonen?

Was sind die wichtigsten Ereignisse?

Welche wichtigen Lehren haben Sie aus diesem Buch der Bibel gezogen?

Ruth

Schreibe eine kurze Zusammenfassung des Buches Ruth.

Beantworte die Fragen unten.

Wer sind die Schlüsselpersonen?

Was sind die wichtigsten Ereignisse?

Welche wichtigen Lehren haben Sie aus diesem Buch der Bibel gezogen?

1. Samuel

Schreibe eine kurze Zusammenfassung
des ersten Buches Samuel.

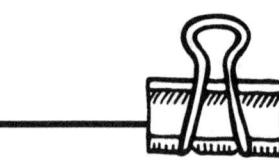

Beantworte die Fragen unten.

| Wer sind die Schlüsselpersonen? | Was sind die wichtigsten Ereignisse? | Welche wichtigen Lehren haben Sie aus diesem Buch der Bibel gezogen? |

2. Samuel

Schreibe eine kurze Zusammenfassung des zweiten Buches Samuel.

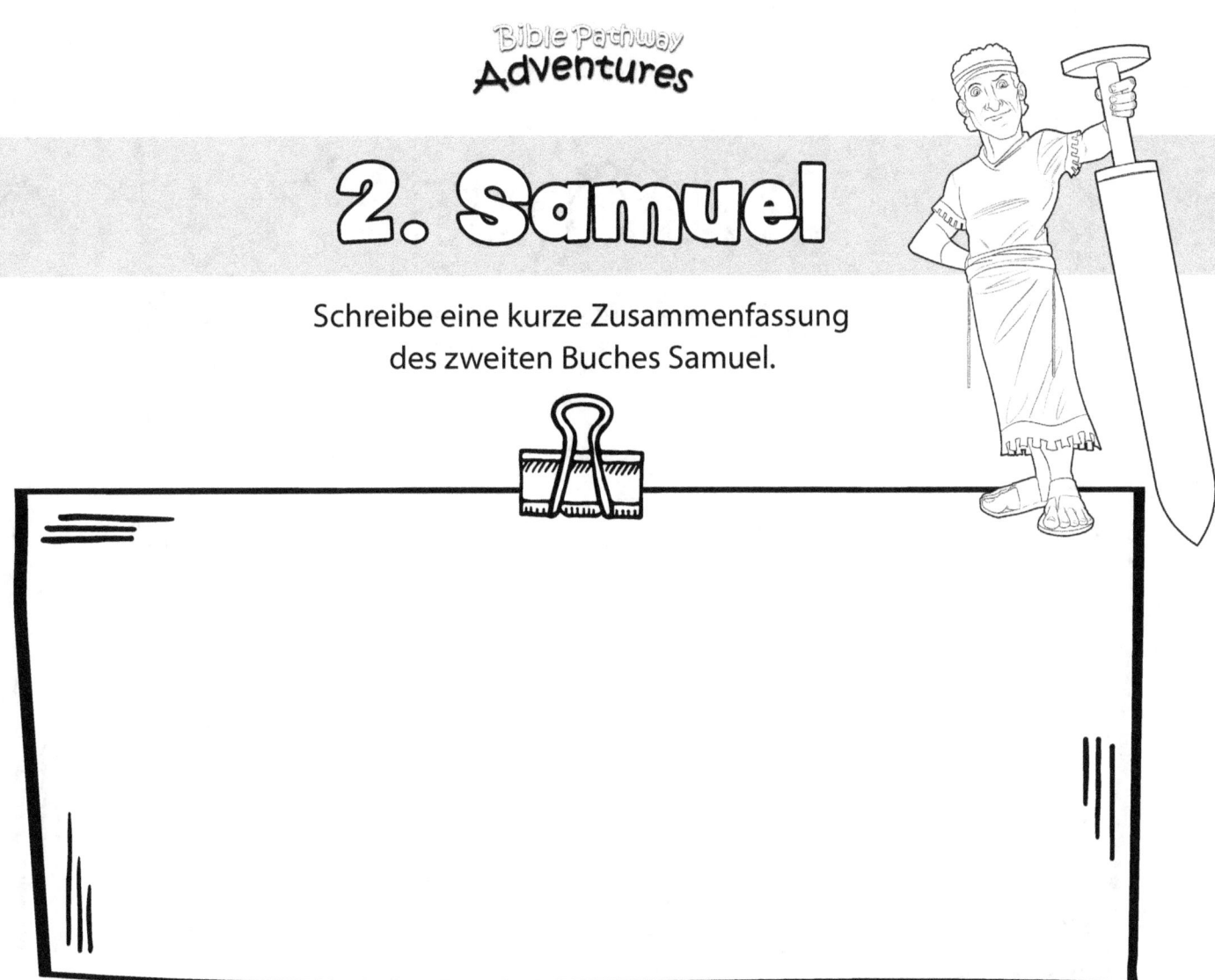

Beantworte die Fragen unten.

Wer sind die Schlüsselpersonen?

Was sind die wichtigsten Ereignisse?

Welche wichtigen Lehren haben Sie aus diesem Buch der Bibel gezogen?

1. Könige

Schreibe eine kurze Zusammenfassung des ersten Buches der Könige.

Beantworte die Fragen unten.

Wer sind die Schlüsselpersonen?

Was sind die wichtigsten Ereignisse?

Welche wichtigen Lehren haben Sie aus diesem Buch der Bibel gezogen?

2. Könige

Schreibe eine kurze Zusammenfassung des zweiten Buches der Könige.

Beantworte die Fragen unten.

Wer sind die Schlüsselpersonen?

Was sind die wichtigsten Ereignisse?

Welche wichtigen Lehren haben Sie aus diesem Buch der Bibel gezogen?

1. Chronik

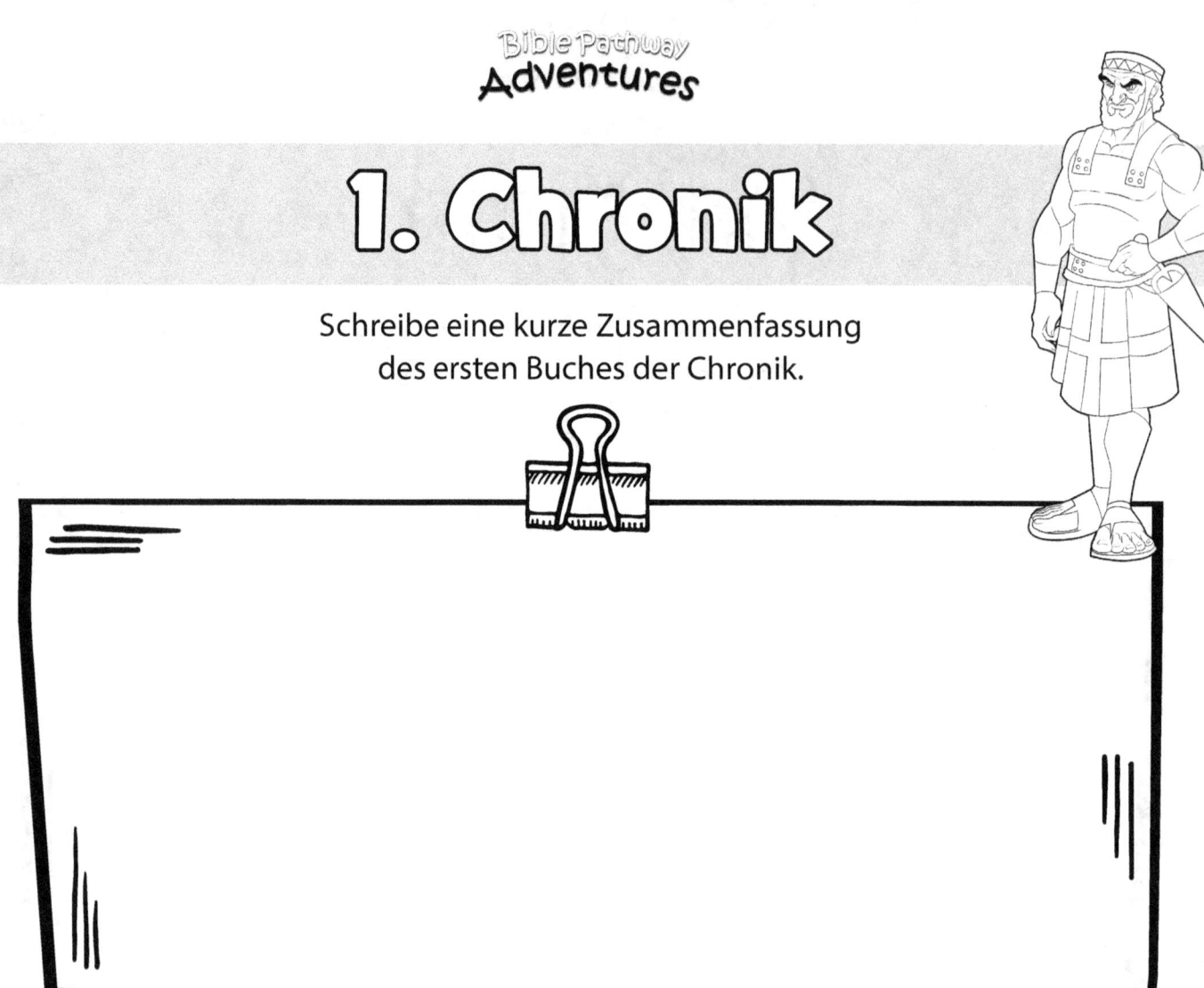

Schreibe eine kurze Zusammenfassung des ersten Buches der Chronik.

Beantworte die Fragen unten.

Wer sind die Schlüsselpersonen?

Was sind die wichtigsten Ereignisse?

Welche wichtigen Lehren haben Sie aus diesem Buch der Bibel gezogen?

2. Chronik

Schreibe eine kurze Zusammenfassung des zweiten Buches der Chronik.

Beantworte die Fragen unten.

Wer sind die Schlüsselpersonen?

Was sind die wichtigsten Ereignisse?

Welche wichtigen Lehren haben Sie aus diesem Buch der Bibel gezogen?

Esra

Schreibe eine kurze Zusammenfassung des Buches Esra.

Beantworte die Fragen unten.

Wer sind die Schlüsselpersonen?

Was sind die wichtigsten Ereignisse?

Welche wichtigen Lehren haben Sie aus diesem Buch der Bibel gezogen?

Nehemia

Schreibe eine kurze Zusammenfassung des Buches Nehemia.

Beantworte die Fragen unten.

Wer sind die Schlüsselpersonen?

Was sind die wichtigsten Ereignisse?

Welche wichtigen Lehren haben Sie aus diesem Buch der Bibel gezogen?

Esther

Schreibe eine kurze Zusammenfassung des Buches Esther.

Beantworte die Fragen unten.

Wer sind die Schlüsselpersonen?

Was sind die wichtigsten Ereignisse?

Welche wichtigen Lehren haben Sie aus diesem Buch der Bibel gezogen?

Bible Pathway Adventures

Hiob

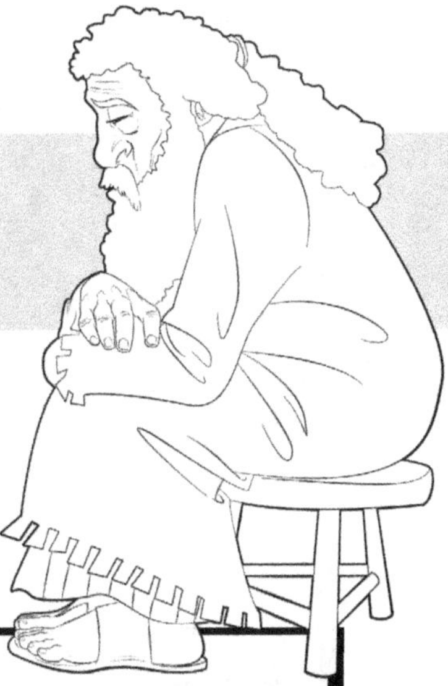

Schreibe eine kurze Zusammenfassung
des Buches Hiob.

Beantworte die Fragen unten.

Wer sind die Schlüsselpersonen?

....

....

....

....

....

....

Was sind die wichtigsten Ereignisse?

....

....

....

....

....

....

Welche wichtigen Lehren haben Sie aus diesem Buch der Bibel gezogen?

....

....

....

....

....

....

Psalmen

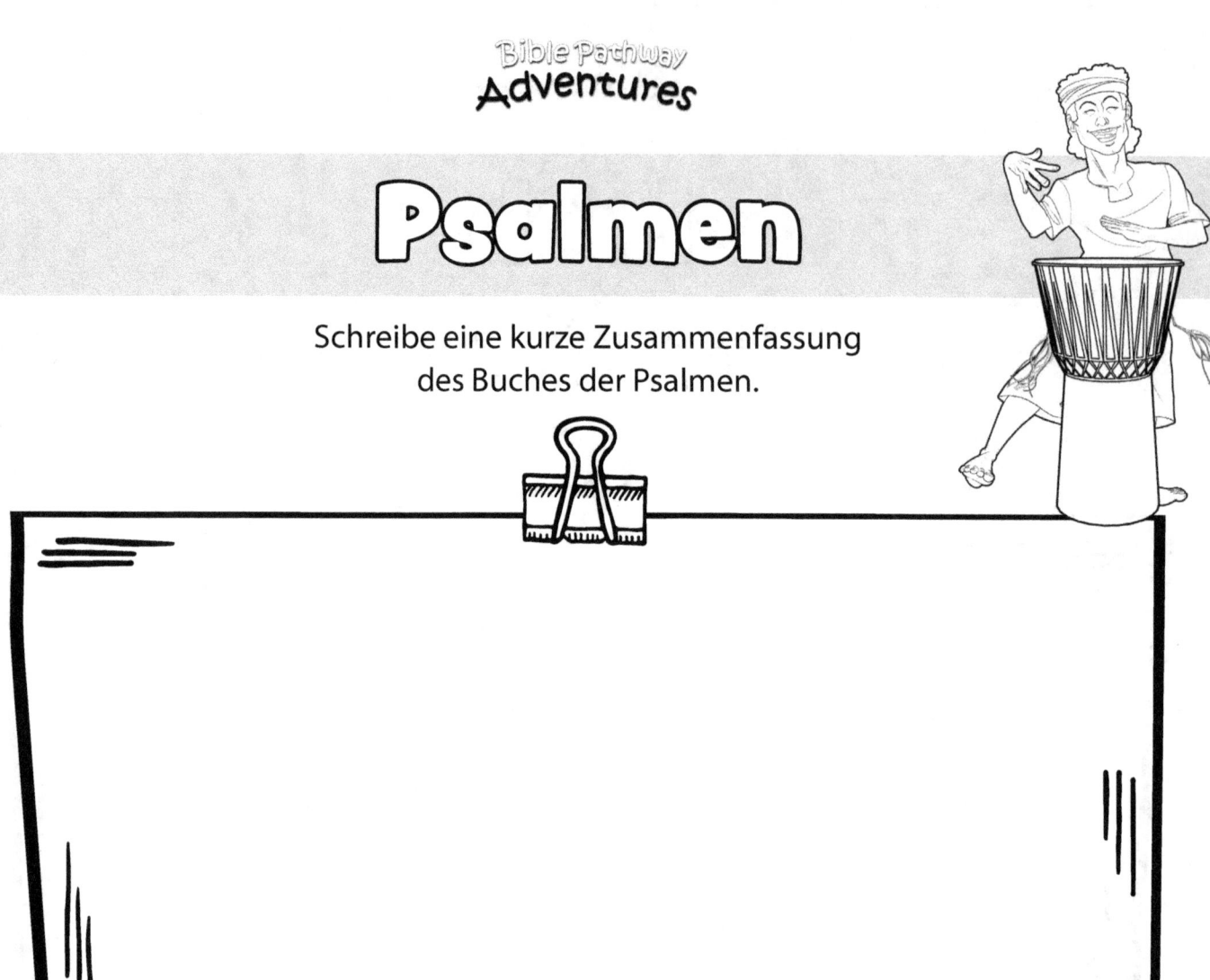

Schreibe eine kurze Zusammenfassung des Buches der Psalmen.

Beantworte die Fragen unten.

Wer sind die Schlüsselpersonen?

Was sind die wichtigsten Ereignisse?

Welche wichtigen Lehren haben Sie aus diesem Buch der Bibel gezogen?

Sprüche

Schreibe deinen Lieblingsspruch aus dem Buch auf.

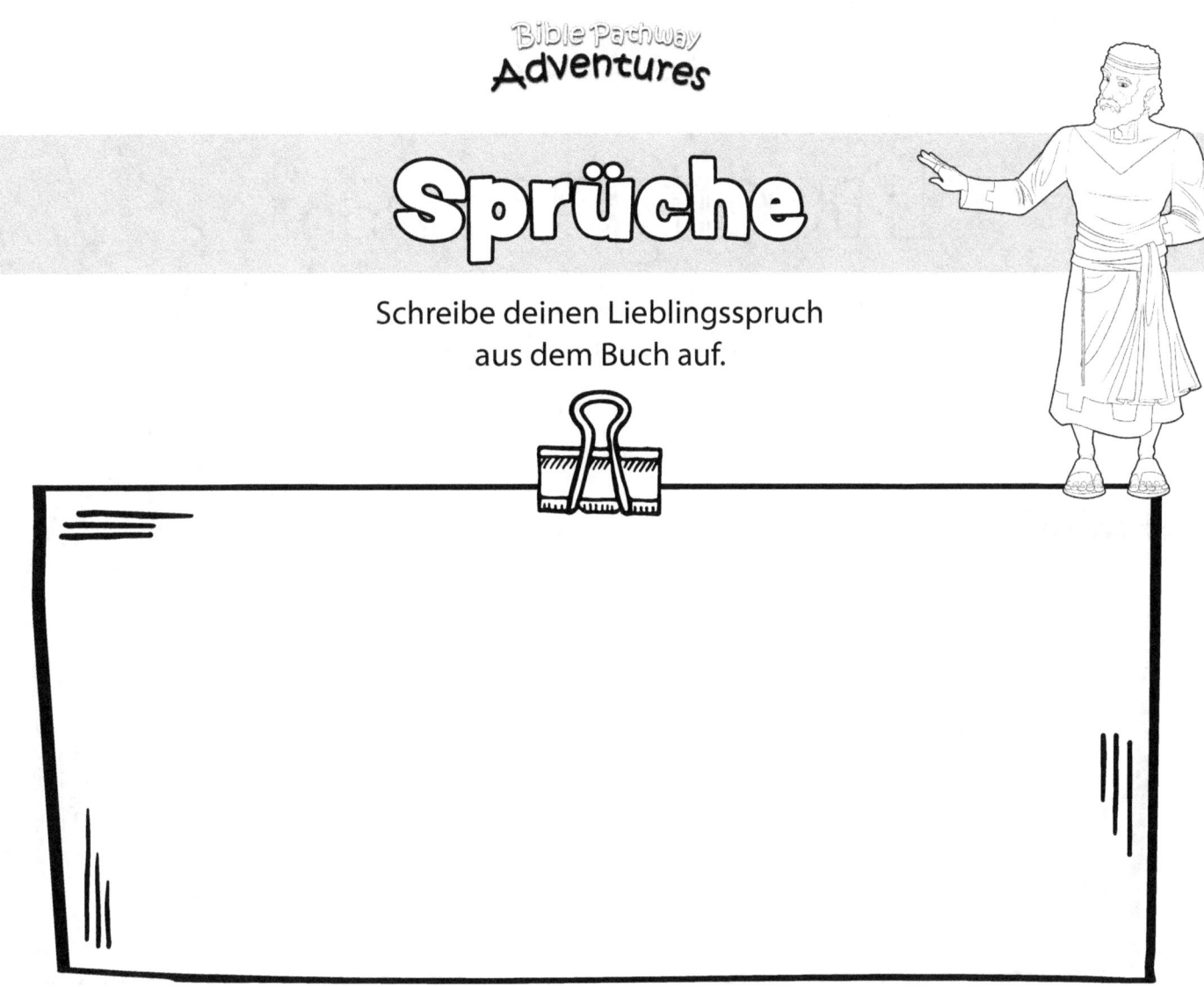

Beantworte die Fragen unten.

Wer sind die Schlüsselpersonen?	Was sind die wichtigsten Ereignisse?	Welche wichtigen Lehren haben Sie aus diesem Buch der Bibel gezogen?

Prediger (Kohelet)

Schreibe eine kurze Zusammenfassung des Buches des Predigers.

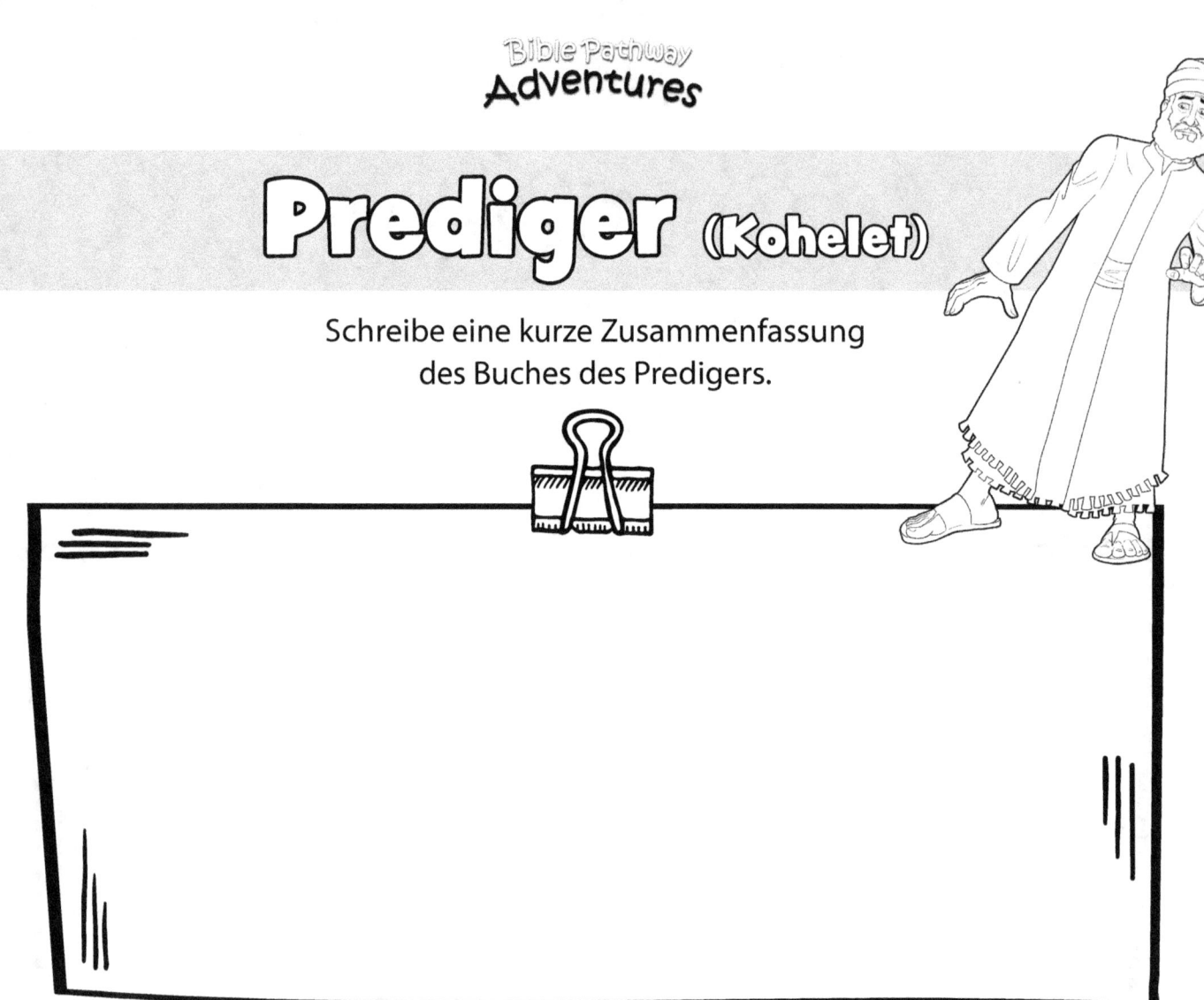

Beantworte die Fragen unten.

Wer sind die Schlüsselpersonen?	Was sind die wichtigsten Ereignisse?	Welche wichtigen Lehren haben Sie aus diesem Buch der Bibel gezogen?

Hohelied

Schreibe eine kurze Zusammenfassung des Hohelieds.

Beantworte die Fragen unten.

Wer sind die Schlüsselpersonen?

Was sind die wichtigsten Ereignisse?

Welche wichtigen Lehren haben Sie aus diesem Buch der Bibel gezogen?

Jesaja

Schreibe eine kurze Zusammenfassung des Buches Jesaja.

Beantworte die Fragen unten.

Wer sind die Schlüsselpersonen?	Was sind die wichtigsten Ereignisse?	Welche wichtigen Lehren haben Sie aus diesem Buch der Bibel gezogen?

Jeremia

Schreibe eine kurze Zusammenfassung des Buches Jeremia.

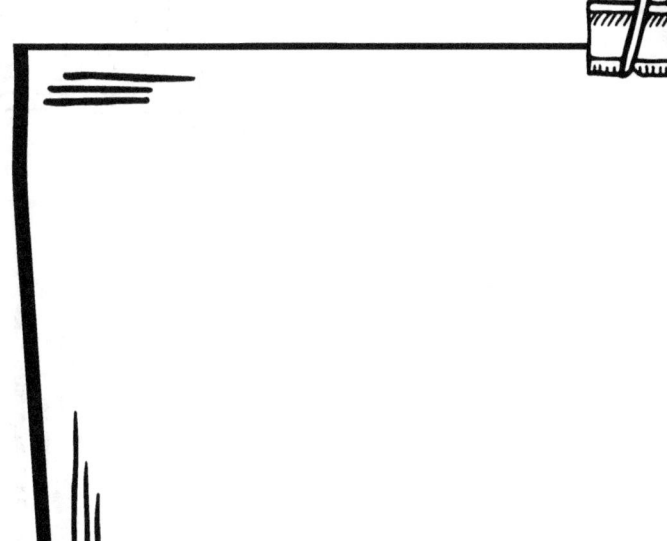

Beantworte die Fragen unten.

Wer sind die Schlüsselpersonen?	Was sind die wichtigsten Ereignisse?	Welche wichtigen Lehren haben Sie aus diesem Buch der Bibel gezogen?

Klagelieder Jeremias

Schreibe eine kurze Zusammenfassung der Klagelieder Jeremias.

Beantworte die Fragen unten.

Wer sind die Schlüsselpersonen?

Was sind die wichtigsten Ereignisse?

Welche wichtigen Lehren haben Sie aus diesem Buch der Bibel gezogen?

Hesekiel

Schreibe eine kurze Zusammenfassung des Buches Hesekiel.

Beantworte die Fragen unten.

Wer sind die Schlüsselpersonen?

Was sind die wichtigsten Ereignisse?

Welche wichtigen Lehren haben Sie aus diesem Buch der Bibel gezogen?

Daniel

Schreibe eine kurze Zusammenfassung des Buches Daniel.

Beantworte die Fragen unten.

| Wer sind die Schlüsselpersonen? | Was sind die wichtigsten Ereignisse? | Welche wichtigen Lehren haben Sie aus diesem Buch der Bibel gezogen? |

Hosea

Schreibe eine kurze Zusammenfassung des Buches Hosea.

Beantworte die Fragen unten.

Wer sind die Schlüsselpersonen?

Was sind die wichtigsten Ereignisse?

Welche wichtigen Lehren haben Sie aus diesem Buch der Bibel gezogen?

Joel

Schreibe eine kurze Zusammenfassung des Buches Joel.

Beantworte die Fragen unten.

Wer sind die Schlüsselpersonen?

Was sind die wichtigsten Ereignisse?

Welche wichtigen Lehren haben Sie aus diesem Buch der Bibel gezogen?

Amos

Schreibe eine kurze Zusammenfassung des Buches Amos.

Beantworte die Fragen unten.

Wer sind die Schlüsselpersonen?	Was sind die wichtigsten Ereignisse?	Welche wichtigen Lehren haben Sie aus diesem Buch der Bibel gezogen?

Obadja

Schreibe eine kurze Zusammenfassung des Buches Obadja.

Beantworte die Fragen unten.

| Wer sind die Schlüsselpersonen? | Was sind die wichtigsten Ereignisse? | Welche wichtigen Lehren haben Sie aus diesem Buch der Bibel gezogen? |

Jona

Schreibe eine kurze Zusammenfassung des Buches Jona.

Beantworte die Fragen unten.

Wer sind die Schlüsselpersonen?	Was sind die wichtigsten Ereignisse?	Welche wichtigen Lehren haben Sie aus diesem Buch der Bibel gezogen?

Micha

Schreibe eine kurze Zusammenfassung des Buches Micha.

Beantworte die Fragen unten.

Wer sind die Schlüsselpersonen?

Was sind die wichtigsten Ereignisse?

Welche wichtigen Lehren haben Sie aus diesem Buch der Bibel gezogen?

Nahum

Schreibe eine kurze Zusammenfassung des Buches Nahum.

Beantworte die Fragen unten.

Wer sind die Schlüsselpersonen?

Was sind die wichtigsten Ereignisse?

Welche wichtigen Lehren haben Sie aus diesem Buch der Bibel gezogen?

Habakuk

Schreibe eine kurze Zusammenfassung des Buches Habakuk.

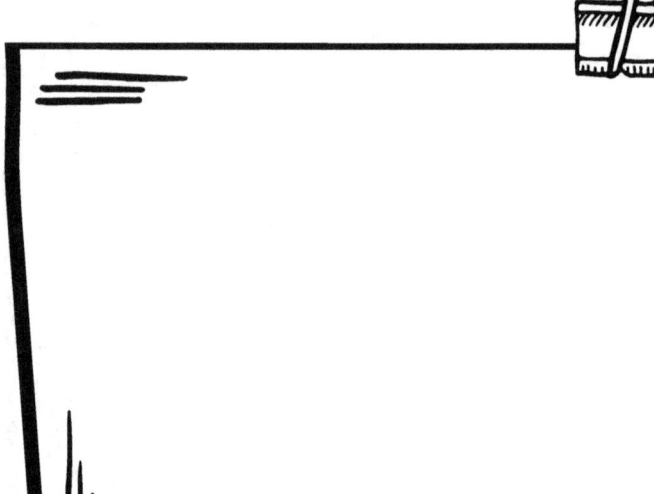

Beantworte die Fragen unten.

Wer sind die Schlüsselpersonen?

Was sind die wichtigsten Ereignisse?

Welche wichtigen Lehren haben Sie aus diesem Buch der Bibel gezogen?

Zephanja

Schreibe eine kurze Zusammenfassung des Buches Zephanja.

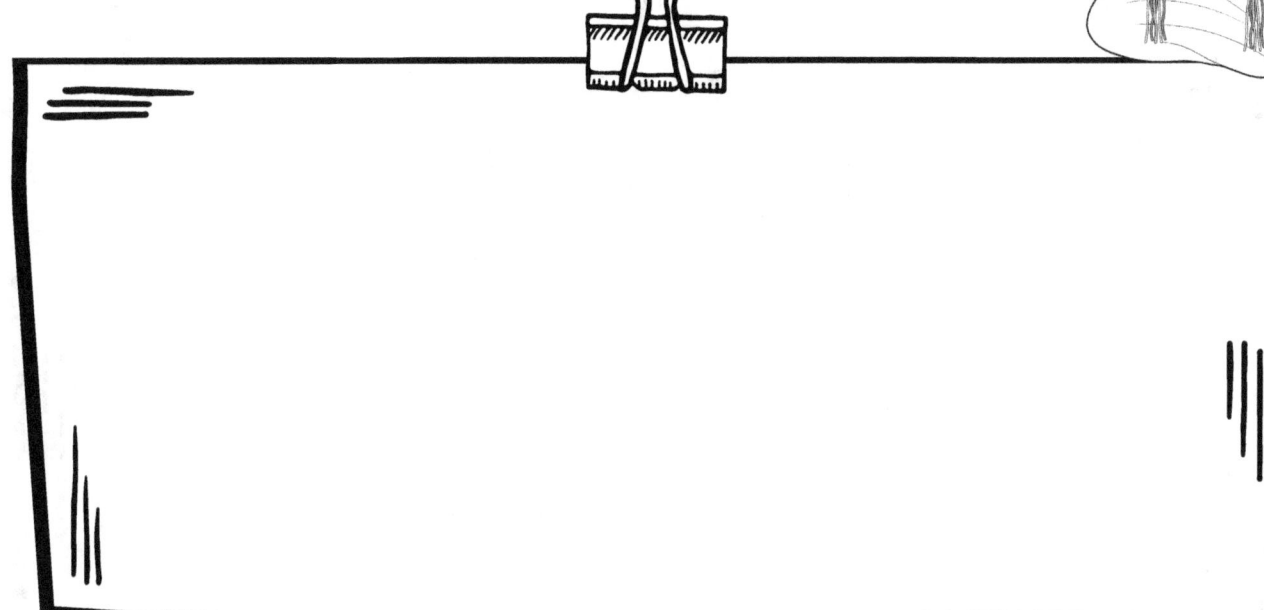

Beantworte die Fragen unten.

Wer sind die Schlüsselpersonen?

Was sind die wichtigsten Ereignisse?

Welche wichtigen Lehren haben Sie aus diesem Buch der Bibel gezogen?

Haggai

Schreibe eine kurze Zusammenfassung des Buches Haggai.

Beantworte die Fragen unten.

Wer sind die Schlüsselpersonen?	Was sind die wichtigsten Ereignisse?	Welche wichtigen Lehren haben Sie aus diesem Buch der Bibel gezogen?

Sacharja

Schreibe eine kurze Zusammenfassung des Buches Sacharja.

Beantworte die Fragen unten.

Wer sind die Schlüsselpersonen?

Was sind die wichtigsten Ereignisse?

Welche wichtigen Lehren haben Sie aus diesem Buch der Bibel gezogen?

Maleachi

Schreibe eine kurze Zusammenfassung des Buches Maleachi.

Beantworte die Fragen unten.

| Wer sind die Schlüsselpersonen? | Was sind die wichtigsten Ereignisse? | Welche wichtigen Lehren haben Sie aus diesem Buch der Bibel gezogen? |

Matthäus

Schreibe eine kurze Zusammenfassung des Evangeliums nach Matthäus.

Beantworte die Fragen unten.

Wer sind die Schlüsselpersonen?

Was sind die wichtigsten Ereignisse?

Welche wichtigen Lehren haben Sie aus diesem Buch der Bibel gezogen?

Markus

Schreibe eine kurze Zusammenfassung des Evangeliums nach Markus.

Beantworte die Fragen unten.

Wer sind die Schlüsselpersonen?

Was sind die wichtigsten Ereignisse?

Welche wichtigen Lehren haben Sie aus diesem Buch der Bibel gezogen?

Lukas

Schreibe eine kurze Zusammenfassung des Evangeliums nach Lukas.

Beantworte die Fragen unten.

Wer sind die Schlüsselpersonen?	Was sind die wichtigsten Ereignisse?	Welche wichtigen Lehren haben Sie aus diesem Buch der Bibel gezogen?

Johannes

Schreibe eine kurze Zusammenfassung des Evangeliums nach Johannes.

Beantworte die Fragen unten.

| Wer sind die Schlüsselpersonen? | Was sind die wichtigsten Ereignisse? | Welche wichtigen Lehren haben Sie aus diesem Buch der Bibel gezogen? |

Apostelgeschichte

Schreibe eine kurze Zusammenfassung der Apostelgeschichte.

Beantworte die Fragen unten.

Wer sind die Schlüsselpersonen?

Was sind die wichtigsten Ereignisse?

Welche wichtigen Lehren haben Sie aus diesem Buch der Bibel gezogen?

Römer

Schreibe eine kurze Zusammenfassung des Briefs an die Römer.

Beantworte die Fragen unten.

Wer sind die Schlüsselpersonen?

Was sind die wichtigsten Ereignisse?

Welche wichtigen Lehren haben Sie aus diesem Buch der Bibel gezogen?

1. Korinther

Schreibe eine kurze Zusammenfassung des ersten Briefs an die Korinther.

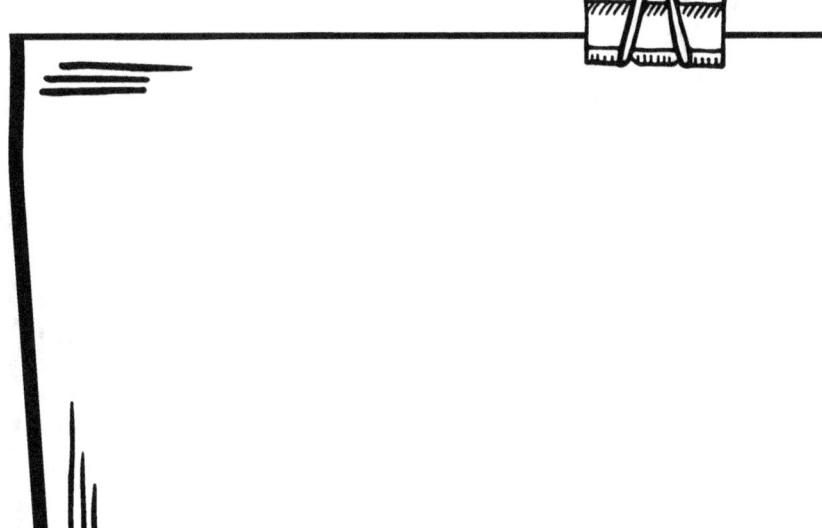

Beantworte die Fragen unten.

Wer sind die Schlüsselpersonen?

Was sind die wichtigsten Ereignisse?

Welche wichtigen Lehren haben Sie aus diesem Buch der Bibel gezogen?

2. Korinther

Schreibe eine kurze Zusammenfassung des zweiten Briefs an die Korinther.

Beantworte die Fragen unten.

Wer sind die Schlüsselpersonen?

Was sind die wichtigsten Ereignisse?

Welche wichtigen Lehren haben Sie aus diesem Buch der Bibel gezogen?

Galater

Schreibe eine kurze Zusammenfassung des Briefs an die Galater.

Beantworte die Fragen unten.

Wer sind die Schlüsselpersonen?

Was sind die wichtigsten Ereignisse?

Welche wichtigen Lehren haben Sie aus diesem Buch der Bibel gezogen?

Epheser

Schreibe eine kurze Zusammenfassung des Briefs an die Epheser.

Beantworte die Fragen unten.

Wer sind die Schlüsselpersonen?	Was sind die wichtigsten Ereignisse?	Welche wichtigen Lehren haben Sie aus diesem Buch der Bibel gezogen?

www.biblepathwayadventures.com
Bücher der Bibel - Übungsbuch

© BPA Publishing Ltd 2024

Philipper

Schreibe eine kurze Zusammenfassung des Briefs an die Philipper.

Beantworte die Fragen unten.

Wer sind die Schlüsselpersonen?

Was sind die wichtigsten Ereignisse?

Welche wichtigen Lehren haben Sie aus diesem Buch der Bibel gezogen?

Kolosser

Schreibe eine kurze Zusammenfassung des Briefs an die Kolosser.

Beantworte die Fragen unten.

Wer sind die Schlüsselpersonen?

Was sind die wichtigsten Ereignisse?

Welche wichtigen Lehren haben Sie aus diesem Buch der Bibel gezogen?

1. Thessalonicher

Schreibe eine kurze Zusammenfassung des ersten Briefs an die Thessalonicher.

Beantworte die Fragen unten.

Wer sind die Schlüsselpersonen?

Was sind die wichtigsten Ereignisse?

Welche wichtigen Lehren haben Sie aus diesem Buch der Bibel gezogen?

2. Thessalonicher

Schreibe eine kurze Zusammenfassung des zweiten Briefs an die Thessalonicher.

Beantworte die Fragen unten.

Wer sind die Schlüsselpersonen?	Was sind die wichtigsten Ereignisse?	Welche wichtigen Lehren haben Sie aus diesem Buch der Bibel gezogen?

Timotheus

Schreibe eine kurze Zusammenfassung des ersten Briefs an Timotheus.

Beantworte die Fragen unten.

| Wer sind die Schlüsselpersonen? | Was sind die wichtigsten Ereignisse? | Welche wichtigen Lehren haben Sie aus diesem Buch der Bibel gezogen? |

2. Timotheus

Schreibe eine kurze Zusammenfassung zweiten Briefs an Timotheus.

Beantworte die Fragen unten.

Wer sind die Schlüsselpersonen?

Was sind die wichtigsten Ereignisse?

Welche wichtigen Lehren haben Sie aus diesem Buch der Bibel gezogen?

Titus

Schreibe eine kurze Zusammenfassung des Briefs an Titus.

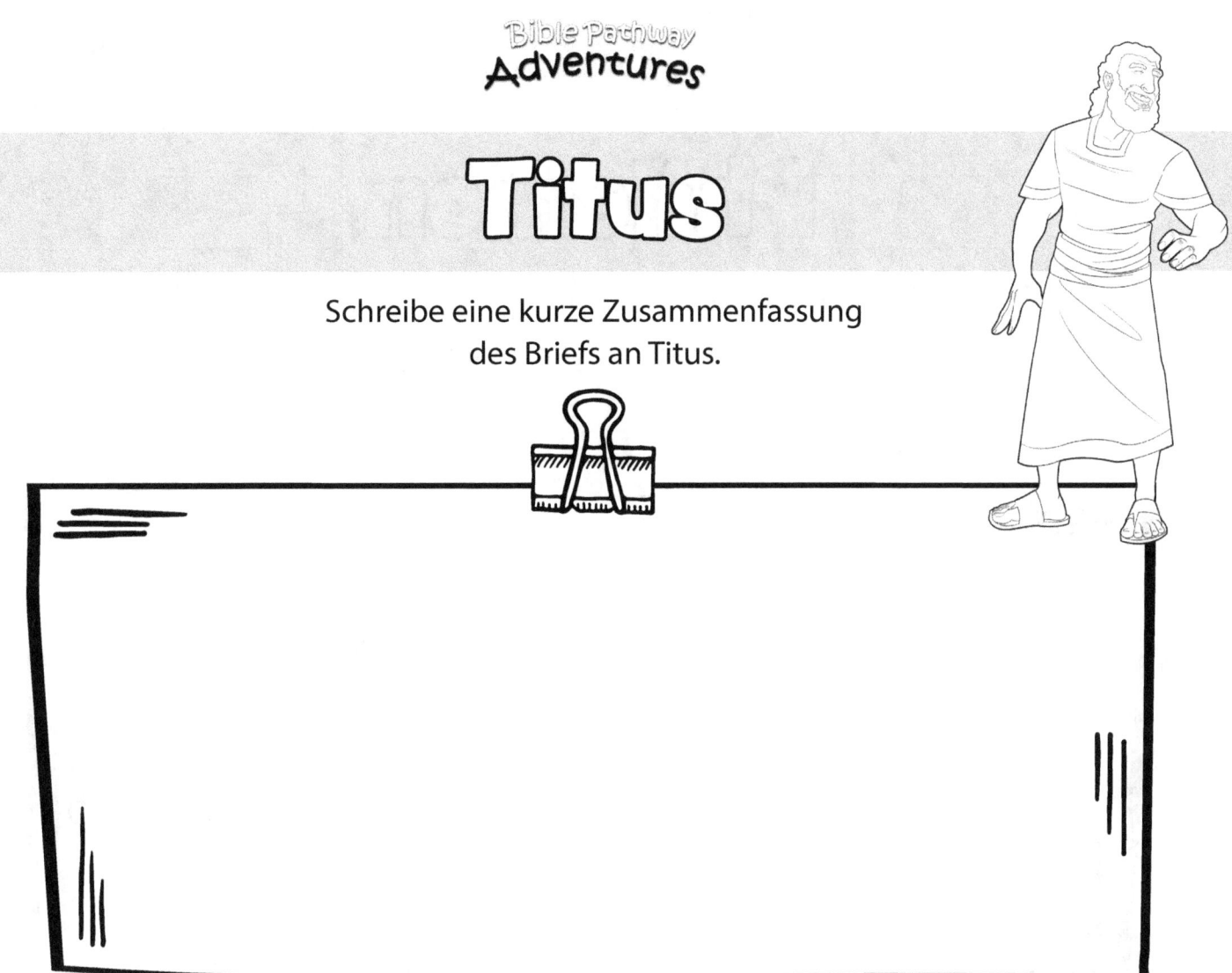

Beantworte die Fragen unten.

Wer sind die Schlüsselpersonen?

Was sind die wichtigsten Ereignisse?

Welche wichtigen Lehren haben Sie aus diesem Buch der Bibel gezogen?

Philemon

Schreibe eine kurze Zusammenfassung des Briefs an Philemon.

Beantworte die Fragen unten.

Wer sind die Schlüsselpersonen?

Was sind die wichtigsten Ereignisse?

Welche wichtigen Lehren haben Sie aus diesem Buch der Bibel gezogen?

Hebräer

Schreibe eine kurze Zusammenfassung des Briefs an die Hebräer.

Beantworte die Fragen unten.

Wer sind die Schlüsselpersonen?	Was sind die wichtigsten Ereignisse?	Welche wichtigen Lehren haben Sie aus diesem Buch der Bibel gezogen?

Jakobus

Schreibe eine kurze Zusammenfassung des Briefs des Jakobus.

Beantworte die Fragen unten.

Wer sind die Schlüsselpersonen?

Was sind die wichtigsten Ereignisse?

Welche wichtigen Lehren haben Sie aus diesem Buch der Bibel gezogen?

1. Petrus

Schreibe eine kurze Zusammenfassung
des ersten Briefs des Petrus.

Beantworte die Fragen unten.

Wer sind die Schlüsselpersonen?

Was sind die wichtigsten Ereignisse?

Welche wichtigen Lehren haben Sie aus diesem Buch der Bibel gezogen?

2. Petrus

Schreibe eine kurze Zusammenfassung des zweiten Briefs des Petrus.

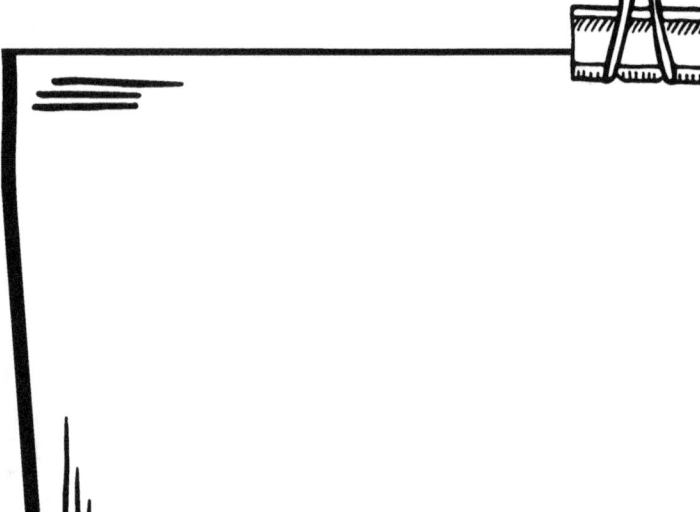

Beantworte die Fragen unten.

Wer sind die Schlüsselpersonen?

Was sind die wichtigsten Ereignisse?

Welche wichtigen Lehren haben Sie aus diesem Buch der Bibel gezogen?

1. Johannes

Schreibe eine kurze Zusammenfassung des ersten Briefs des Johannes.

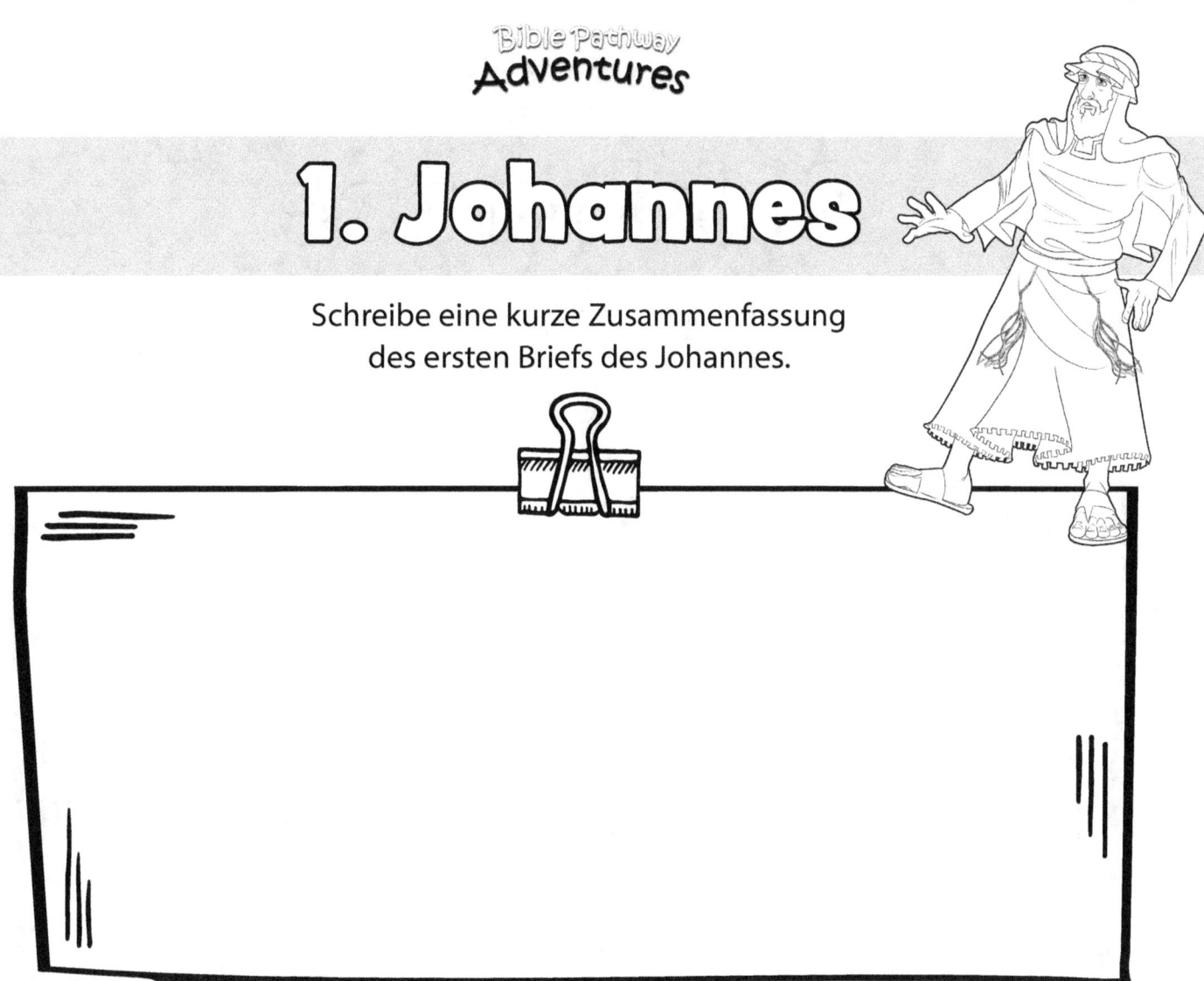

Beantworte die Fragen unten.

Wer sind die Schlüsselpersonen?

Was sind die wichtigsten Ereignisse?

Welche wichtigen Lehren haben Sie aus diesem Buch der Bibel gezogen?

2. Johannes

Schreibe eine kurze Zusammenfassung des zweiten Briefs des Johannes.

Beantworte die Fragen unten.

Wer sind die Schlüsselpersonen?

Was sind die wichtigsten Ereignisse?

Welche wichtigen Lehren haben Sie aus diesem Buch der Bibel gezogen?

3. Johannes

Schreibe eine kurze Zusammenfassung des dritten Briefs des Johannes.

Beantworte die Fragen unten.

Wer sind die Schlüsselpersonen?

Was sind die wichtigsten Ereignisse?

Welche wichtigen Lehren haben Sie aus diesem Buch der Bibel gezogen?

Judas

Schreibe eine kurze Zusammenfassung des Briefs des Judas.

Beantworte die Fragen unten.

Wer sind die Schlüsselpersonen?

Was sind die wichtigsten Ereignisse?

Welche wichtigen Lehren haben Sie aus diesem Buch der Bibel gezogen?

Offenbarung

Schreibe eine kurze Zusammenfassung der Offenbarung.

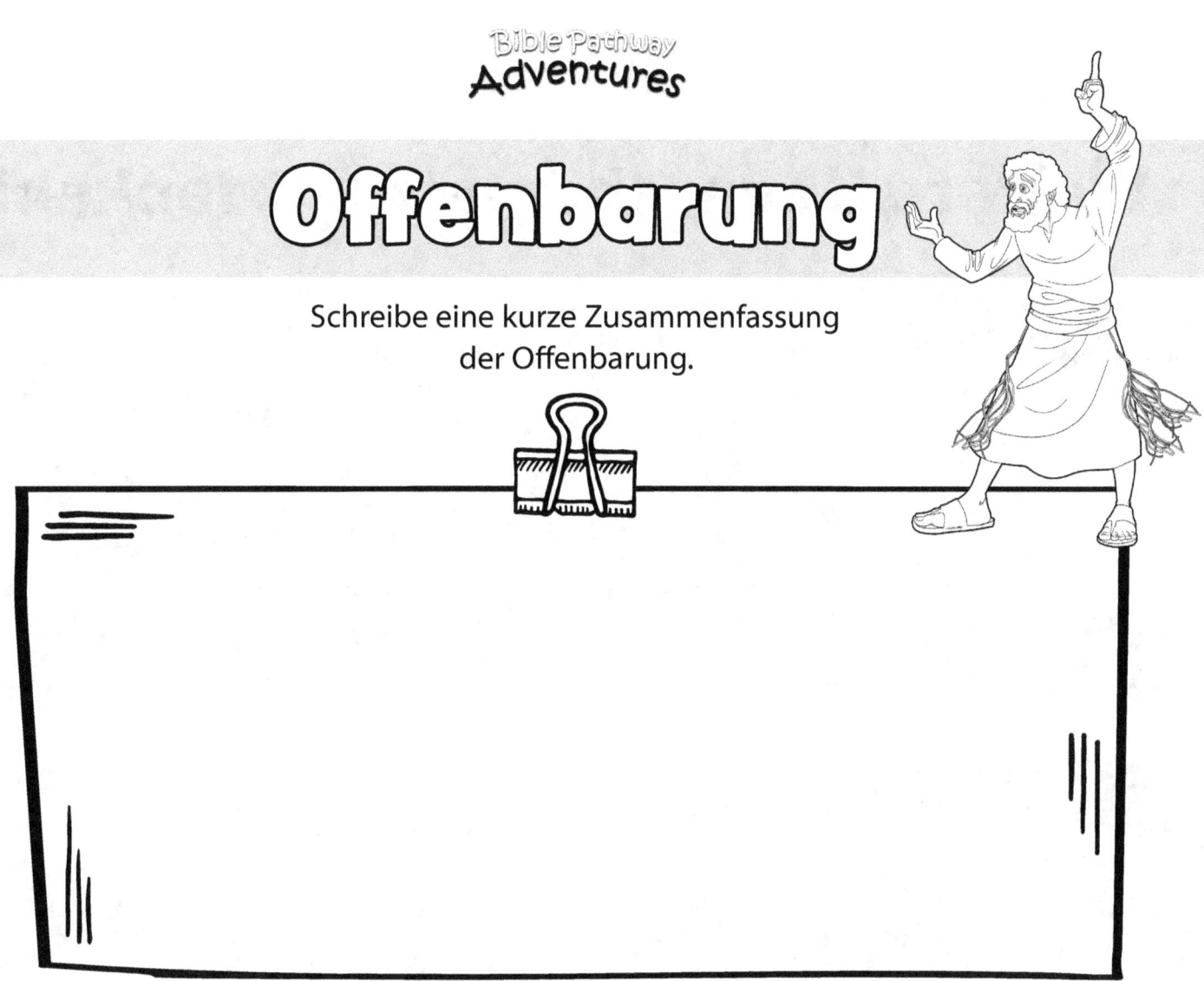

Beantworte die Fragen unten.

Wer sind die Schlüsselpersonen?

Was sind die wichtigsten Ereignisse?

Welche wichtigen Lehren haben Sie aus diesem Buch der Bibel gezogen?

Weitere Übungsbücher entdecken!

Zu erwerben unter www.biblepathwayadventures.com

SOFORT DOWNLOADS!

Die Reisen des Paulus - Übungsbuch
Lieblingsgeschichten aus der Bibel – Übungsbuch
Hebräisch lernen: Das Alphabet
Der Sabbat Übungsbuch
Bereschit / 1. Mose
Schemot / 2. Mose
Die Jünger - Übungsbuch
Frucht des Geistes - Übungsbuch

www.ingramcontent.com/pod-product-compliance
Lightning Source LLC
Chambersburg PA
CBHW081311070526
44578CB00006B/843